如何撰寫一份簡單報告

（一到三年級）

How to Write
a Simple Report

Grades 1-3

Jennifer Overend Prior ● 著

陳聖謨、林秀容 ● 譯

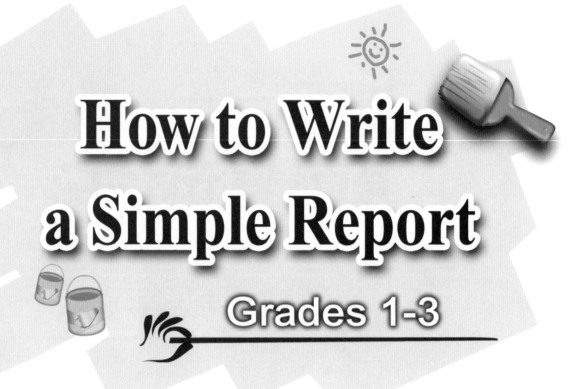

How to Write a Simple Report

Grades 1-3

Jennifer Overend Prior, M.Ed.

© 1999 Teacher Created Materials, Inc.

Acknowledgements
KidPix® is a registered trademark of The Learning Company.
ClarisWorks® is a registered trademark of Apple Corporation.
HyperStudio® is a registered trademark of Roger Wagner Publishing, Inc.
Microsoft Encarta 97 Encyclopedia® is a registered trademark of the Microsoft Corporation.

譯者簡介

陳聖謨

國立高雄師範大學教育學碩士、博士。

曾任國小教師、教育局督學、國小校長，現任國立嘉義大學教育學系副教授，兼國立嘉義大學附設實驗國民小學校長。

林秀容

北一女、中央大學法文系畢業。英國蘭開斯特大學英語語文學系博士班肄業，在修畢嘉義大學國小英語師資學分班後，即獻身於推廣兒童英語教育。

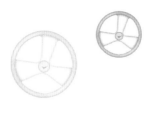

譯　序

　　新舊世紀交替迄今，激烈震盪的中小學課程改革浪潮仍是方興未艾。就如在新課程實施已歷五年多的此時此刻，仍處於「一綱一本」對「一綱多本」的拉鋸態勢中。這不免令人思索：所謂的「教育正確」的想法，仍如潮流一般，瞬息萬變。教育的一貫之道何在呢？

　　其實，管他一綱或多綱、一本或多本，不要「背不動的書包」，而要「帶著走的能力」，都將是永續受用的教育理念。畢竟在知識爆炸時代，我們需要給孩子建立新世代的學習觀；我們要讓孩子從知識的消費者轉型為知識的生產者。我們所要重視的是學生自主學習能力的養成。亦即學生要能獨立的透過蒐集、分析、組織與歸納各式各樣的資訊，進行有條理與有系統的專題探究，最終獲致問題的解決。儘管這種理念很容易闡明，但在教學實踐的現場，往往又令人覺得步伐蹣跚，無所適從。這會不會是理念與實務永遠是有差距的宿命呢？

　　正當我們納悶猶疑：如何將抽象的理念化為具體的實踐時，這本來自美國的《如何撰寫一份簡單／研究報告》一至三冊，給了我們相當具有實效的錦囊，閱後不禁令人有茅塞頓開、豁然開朗之感。按這系列書配合低中（1-3）年級、中高（3-6）年級及國中階段（6-8）年級學童的研究寫作需求，深入淺出的分冊介紹「如何做研究報告」。從定主題、資料蒐集、圖書館利用；資料整理分析，彙整所得的寫作要領、架構鋪陳、資料的引註方式，乃至最終的發表技巧，都面面俱到的說明並提供範例與練習。

　　個人相信，這會是孩子們做研究的實用工具書，也是家長或師長們指導孩童寫研究報告的輔助利器。當然，翻譯書的許多限制是來自於文化上的差距，本書中所引介的部分方法或工具，或與國內教育環境不同，如圖書館書籍編目方式、網路搜尋系統、文書與繪圖軟體的利用、資料引註方式等。為克服這種差異，並增加實用性，我們特別商請嘉大附小的三位同事：維慧、桂枝與琦智老師，整理補充了適合國情的相關媒材，附加在各個相對應的環節中，還請讀者們參考應用。

　　在這本翻譯書即將出版時刻，要感謝心理出版社林敬堯總編輯熱心接洽版權並慨允發行。另外汝穎編輯的密集聯繫、仔細採編，更是銘感在心。浩瀚無涯的知識領域如果像是無可勝數的魚群，當我們同意：給他魚吃，不如教他釣魚時，那麼，本書就是給孩子的捕魚工具。現在該是帶領我們的孩子整備出發了。

陳聖謨　序　2007.1

目錄 |Contents

簡　介

　　對孩子而言，撰寫研究報告可以是充滿愉快的經驗。本書《如何撰寫一份簡單報告（一到三年級）》是透過寫報告所需的基本步驟，循序漸進地帶領孩子，從發展一個主題開始，進行研究，到最後呈現成果。最終，你的孩子一定會認為撰寫報告是有趣又令人愉悅的事。

　　本書將分為以下幾個部分：

準備開始

　　孩子們將會學到什麼是「研究報告」，並且透過一份全班性研究報告的示範，有機會知道撰寫報告的過程。他們將學會如何選擇和縮小題目範圍，並且會問以下這些重要的問題：誰（Who）？什麼（What）？何時（When）？何地（Where）？為什麼（Why）？以及如何（How）？

利用圖書館

　　孩子將會探索圖書館，並且學習使用杜威十進位分類系統、圖書館的電腦搜尋系統、百科全書、電腦和光碟唯讀軟體的資源。

寫作的基礎

　　在這個部分，你的孩子會練習到書寫一份有品質的報告所需的基礎。他們將有機會以自己的話來練習書寫事實、寫筆記卡、區別和書寫完整句子、使用正確的文章格式和標點符號等等所需的要領。

如何撰寫一份 簡單報告（一到三年級）

撰寫報告

你的孩子將會藉著分類、排序、書寫簡介與爲段落下結論、增加封面，並加以編輯，來彙整他們的報告。

精彩的報告

學生將學會如何清晰地創作一份集聽覺、視覺和觸覺於一身的亮眼報告。

準備開始

- 何謂報告？
- 撰寫一份班級性的報告
- 讓範圍更精確！
- 思索你的題目
- 五個 W

何謂報告？

　　報告是呈現你對一個題目所學到的資訊。你可以使用書籍、百科全書、唯讀光碟程式，甚至是網路資源。在蒐集有趣的資訊後，寫下你所學到的事物。

　　選擇題目是你開始的第一步，選一個你感興趣的題目。閱讀下面框框裡的題目來幫助你選擇自己的題目。

狗	火車	污染	獅子
車子	獨角仙	大象	蝴蝶
貓	蝙蝠	天氣	鯨魚
飛機	回收	熊	蠶
倉鼠	企鵝	螞蟻	足球

請在下面的底線上，寫下三個你感興趣的題目。

 我最喜歡的題目

1._____

2._____

3._____

撰寫一份班級性的報告

假使先在班上示範一份團體性的報告，孩子們將更了解報告的撰寫過程。本書的每一頁將會詳細地解釋這個過程的每一個步驟，而以下是你和孩子們可以一同參與這些步驟的概要。全班性的報告應該在撰寫報告單元教學中持續維持。在要求你的孩子完成一項新任務前，先以團體性班級報告來經歷這項任務。當孩子看見班級報告結果出爐，他們將會在自己的研究報告獲得更多成功的經驗。

🦆 發展題目

以小組共同決定一個題目來作為開始，然後要求孩子更精確的思考該如何縮小題目，以使得研究更容易。舉例來說，研究「企鵝」，還不如把題目縮小為「國王企鵝」。接下來，詢問孩子他們想要從這個題目學到什麼。在圖表上列出他們的問題，並且鼓勵他們使用五個 W，來建構他們的問題，第 9 到第 11 頁的技能練習可作為孩子們書寫個別報告的作業。

> **國王企鵝**
> 1. 國王企鵝<u>用什麼</u>保持體溫？
> 2. 國王企鵝住在哪裡？
> 3. 國王企鵝是<u>如何</u>長大的？
> 4. 國王企鵝<u>為什麼</u>會擠在一塊兒？

🦆 使用圖書館

示範如何使用卡片目錄或電腦目錄給學生看。搜尋一些非小說類書籍，記錄下它們的編碼，然後再到圖書館的書架上尋找。展示如何在百科全書、光碟百科全書和網路上獲得更多的資訊。在你教室的桌上陳列出書籍和文章。第 15 到第 27 頁的技巧練習可作為孩子們書寫個別報告的作業。

🦆 蒐集事實和做筆記

每天要讀幾頁與選定題目有關的事實資訊給孩子們聽。要求他們在聽到有趣的事實時舉起手，並要學生以自己的話說出事實，然後在約 23 公分 × 33 公分的大筆記卡上寫出事實。第 31、32 頁的技巧練習可作為孩子們書寫個別報告的作業。

分類以及排序資訊

在你已經蒐集大量的各式各樣事實資訊後，就可以開始回顧，並且決定這個研究會出現的類別。當你在一張不同的圖表上寫下每個類別時，要求學生列出三個或四個分項。大聲讀出每張筆記卡給班上同學聽，並且要他們決定某項事實應該是屬於哪項類別。

在每個類別中，要學生注意事實的順序，將每個類別中的事實排序後，便能更清楚和順暢的閱讀。這些事實是否依邏輯排序呢？這個分類是否需要更多的資訊呢？就在班級中將事實排序，必要時還要增加資訊。

33 到 41 頁寫作基礎的技巧練習，以及 45 到 46 頁的預備寫作可作為孩子們書寫個別報告的作業。

螞蟻的住家
1. 螞蟻群居在一起
2. 有些螞蟻會構築土堆

螞蟻是昆蟲
1. 螞蟻有黑色、棕色、紅色或藍色等
2. 螞蟻的身體有三個部分

 ## 撰寫報告

一旦事實已蒐集、分類和排序完畢，就可動手撰寫報告了。你可以和孩子討論並且模擬如何書寫一段引言段落，增加放在前面分類項中的事實資訊，然後就可以寫下總論。

第 47 到 53 頁的報告撰寫技巧可在孩子做報告時協助他們。

 ## 增加封面頁和參考書目

最後在報告的前後加上封面頁和參考書目。為孩子示範如何整齊地撰寫封面頁，並包含所有必需的資訊。

寫參考書目較為困難。可用一本非小說書籍和百科全書來給孩子做示範，看看可以在哪裡找到作者的名字和出版社的資訊；然後指出這個資訊是如何排列的，並且說明在書目中如何使用標點符號。

運用第 49 至 51 頁來協助孩子書寫他們的封面標題和書目。

如何撰寫一份 簡單報告（一到三年級）

編輯你的報告

　　既然班級報告是你動手寫的，你可能不需要做太多編輯。如果情況是如此，從班級報告中寫下一份摘要在黑板上，並且加入各種錯誤，例如，拼字、大小寫、標點符號和句子順序等。要求學生確認出每一個錯誤，並且在旁邊做出相對應的標示。你可能要展示一份已經標示著許多錯誤的摘錄，要求學生說出每個錯誤標示的意思，以及要如何加以訂正。

　　第 52 到 58 頁可作為孩子寫自己的報告參考之用。

增加趣味性！

　　第 61 到 71 頁提供了一些想法和指導，以製作計畫、圖片、多媒體呈現，和其他更多修飾，以強化最後的報告。一份班級報告會自然引導到使用許多上述的步驟。向孩子們解釋不同種類的計畫，並且讓他們選擇想要製作的種類。鼓勵孩子和夥伴共同製作海報、展示和電腦程式。孩子透過和同班同學一起工作所經驗到的成功，將會鼓舞他們在自己的報告中納入更多有創意的事物。

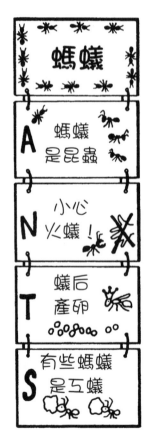

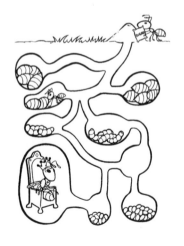

讓範圍更精確！

你的下一個步驟是要縮小你的題目範圍。當你縮小題目時，你會選擇一個更小的標題來寫。

以下是一些例子：

題目	縮小的題目
狗	貴賓狗
沙漠	薩瓜羅仙人掌
蝙蝠	水果蝙蝠

現在換你了。閱讀下面每一個題目，然後在右邊的空格寫下一個更小的題目。

題目	縮小的題目
海洋動物	_____
鳥	_____
昆蟲	_____
運動	_____

在下面寫下你的主題。想一想你要如何縮小你的主題，並且把它寫在空格中。

我的題目　　　　　　　　　　**我縮小後的題目**

_____　　　　_____

如何撰寫一份
簡單報告（一到三年級）

思索你的題目

在開始之前，先思考你想要學習到哪些與題目有關的事情是很重要的。關於這個題目，你將會找到很多資訊。現在你必須決定你想要學習什麼。

這裡有一個例子：

我的題目是水果蝙蝠。

1. 牠們住在哪裡？
2. 牠們吃什麼？
3. 牠們體型多大？
4. 牠們的小孩體型多大？
5. 牠們如何上下顛倒地懸掛著？

寫下你的題目，然後寫下幾個有關你的題目所要思考的問題。

我的題目是：＿＿＿＿＿＿＿＿＿＿＿＿＿＿＿＿＿＿＿＿＿＿＿＿＿

我的問題是：

1.＿＿＿＿＿＿＿＿＿＿＿＿＿＿＿＿＿＿＿＿＿＿＿＿＿＿＿＿＿＿

2.＿＿＿＿＿＿＿＿＿＿＿＿＿＿＿＿＿＿＿＿＿＿＿＿＿＿＿＿＿＿

3.＿＿＿＿＿＿＿＿＿＿＿＿＿＿＿＿＿＿＿＿＿＿＿＿＿＿＿＿＿＿

4.＿＿＿＿＿＿＿＿＿＿＿＿＿＿＿＿＿＿＿＿＿＿＿＿＿＿＿＿＿＿

5.＿＿＿＿＿＿＿＿＿＿＿＿＿＿＿＿＿＿＿＿＿＿＿＿＿＿＿＿＿＿

五個 W

　　在你開始研究之前，想一想你將要回答的一些問題。使用五個 W ——**誰（Who）**、**什麼（What）**、**哪裡（Where）**、**何時（When）**，以及**為什麼（Why）**——的問題有助於你的思考。

　　使用下面的每一個字來作為你題目中一個問題的開始。

誰 _____

_____

什麼 _____

_____

哪裡 _____

_____

何時 _____

_____

為什麼 _____

_____

再使用**如何**這個字多寫下一個問題。

如何 _____

利用圖書館

杜威十進位分類法

　　圖書館中所有的非小說類書籍都是根據一個稱為「杜威十進位分類法」的編碼系統所排列的，這系統是由一個叫梅瑞‧杜威（Melvil Dewey）的知名圖書館員所發明的。它有十個主要的分項，從 000 的總類到 900 的歷史類。每一個主要分類又可分為十項，每一項有專屬於該類別的一個面向。每一個次分類又可以再被分為十個分支。每一本書都有它自己的編碼，標示出它的類別，以方便在書架上找到它。在很多圖書館中，這樣的資訊可以透過電腦系統找到。

杜威十進位分類法

000-099　總類（百科全書、地圖集）

100-199　哲學（哲學、心理學）

200-299　宗教（宗教、神話）

300-399　社會科學（法律、政府）

400-499　語言（各種語言、字典）

500-599　純科學（數學、生物、太空）

600-699　應用科學與有用的藝術（商業、農業、烹飪、化妝）

700-799　精緻藝術（音樂、運動、藝術、攝影）

800-899　文學（詩、戲劇）

900-999　歷史（旅遊、傳記、地理）

如何撰寫一份
簡單報告（一到三年級）

卡片分類

有一些圖書館使用卡片分類來列出書架
上的書籍。一個卡片分類有好幾個卡片抽
屜，藉著作者、主題、標題，而檢索書籍。
這些卡片是依照每一項類別中字母的順序排
列。在每個抽屜前面的標籤說明著第一張到
最後一張卡片。一旦你找到一本在那張卡片
類別中列出來的書，那個編碼就指示出那本
書可以在圖書館的哪個書架上找到。

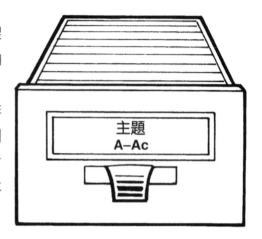

主題
A–Ac

中國圖書分類法

　　「中國圖書分類法」是以美國「杜威十進位分類法」為基礎，再根據中文資料分類的需要修改而成。此分類法將人類全部知識分為十大類，均以阿拉伯數字來代表。此分類法目前在台灣地區用得相當普遍，無論公共圖書館、大學圖書館、中小學圖書館，甚至專門圖書館，大都採用此法整理圖書資料。以中國圖書分類法第八版為例，各數字所代表的類別如下表：

中國圖書分類法簡表

000 總類	000 特藏	010 目錄學總論
	020 圖書館與資訊科學總論	030 漢學總論
	040 類書：百科全書總論	050 連續性出版品：期刊
	060 普通會社總論	070 普通論叢
	080 普通叢書	090 群經：經學
100 哲學類	100 哲學總論	110 思想學問概說
	120 中國哲學總論	130 東方哲學總論
	140 西洋哲學總論	150 論理學總論
	160 形上學總論	170 心理學總論
	180 美學總論	190 倫理學總論
200 宗教類	200 宗教總論	210 比較宗教學
	220 佛教總論	230 道教總論
	240 基督教總論	250 回教總論
	260 猶太教總論	270 其他宗教
	280 神話總論	290 術數：迷信總論
300 科學類	300 科學總論	310 數學總論
	320 天文學總論	330 物理學總論
	340 化學總論	350 地球科學：地質學總論
	360 生物科學總論	370 植物學總論
	380 動物學總論	390 人類學總論
400 應用科學類	400 應用科學總論	410 醫藥總論
	420 家事：家政總論	430 農業總論
	440 工程學總論	450 礦冶總論
	460 化學工業總論	470 製造總論
	480 商業總論	490 商學總論
500 社會科學類	500 社會科學總論	510 統計學總論
	520 教育學總論	530 禮俗：禮儀總論
	540 社會學總論	550 經濟學總論
	560 財政學總論	570 政治學總論

	580 法律總論	590 軍事總論
600 史地類	600 史地總論	610-619 中國史地
	621-628 中國斷代史	630 中國文化史
	640 中國外交史	650 中國史料
	660 中國地理總志	670 中國地方志總論
	680 中國類志	690 中國遊記
700 世界史地	710 世界史地	720 海洋志泛論
	730 亞洲史地	740 西洋史地；歐洲史地總論
	750 美洲史地總論	760 非洲史地總論
	770 大洋洲史地總論	780 傳記總論
	790 古器物；考古學；古物學	
800 語文學	800 語言文字學總論	810 文學總論
	820 中國文學總論	830 中國文學總集
	840 中國文學別集	850-859 中國各種文學
	860 東方文學總論	870 西洋文學總論
	890 新聞學總論	
900 藝術類	900 藝術總論	910 音樂總論
	920 建築美術總論	930 雕塑總論
	940 書畫總論	950 攝影總論
	960 應用美術總論	970 技藝總論
	980 戲劇總論	990 遊藝；娛樂；休閒活動總論

🦆 中國圖書十大分類口訣

　　以下是依據中國圖書分類法發展出來的十大分類口訣，充分熟讀口訣將可協助你在沒有電子檢索系統的圖書館中較快速的查找中文書籍，使你更有效率的應用圖書資源。

０呀０，林林總總是總類
１呀１，一思一想是哲學
２呀２，阿彌陀佛是宗教
３呀３，山明水秀是自然
４呀４，實際運用妙科學
５呀５，我交朋友是社會
６呀６，六朝古都在中國
７呀７，七大奇景世界遊
８呀８，八仙過海說故事
９呀９，音樂美術最長久

尋找書籍

大部分的圖書館都有電腦搜尋系統，可以幫你找到你需要的書籍。按照下面的指示，找出與你題目相關的書籍。

給老師的註記：指示可能會因為你學校搜尋系統的不同而有變化。

1. 從主畫面中，點選**主題**。
2. 輸入你的研究題目的名稱，然後按下**輸入鍵**。一系列的主題將會出現在螢幕上。
3. 點選與你題目相關的非小說類書籍，便有一系列與你題目相關的非小說類書籍出現。
4. 除了每個標題外，你將會看到一個編碼。這個編碼就是用來找到你所需要的書籍的號碼。有一些系統也會顯示出該本書是否**在**或**不在**圖書館內。
5. 寫下你感興趣的每一本書的標題和編碼，或者連續點選那本書的標題，以獲得更多關於該書的資訊。
6. 要做另一個主題的搜尋時，先點選在螢幕底部的**關閉鍵**，然後再度開始。

記錄你在電腦上找到的書籍資料，並把它寫在下面的橫線上。

編碼	標題

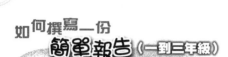

在圖書館的書架上找到書籍

　　所有的非小說類書籍，都是依照它們的編碼，被安置在書架上。當你往書架的右側移動時，編碼就愈大。請看下面的例子。

　　請看下面的編碼，寫下書籍被找到時的書架號碼和書架位置（開始、中間或尾端）。第一個已經幫你完成了。

	書架	書架位置
1. 513	書架一	尾端
2. 039		
3. 982		
4. 734		
5. 211		
6. 658		
7. 325		
8. 691		

圖書館內中文圖書的排列，先依分類號比對，愈小的數字排愈前面；分類號相同時，作者號由第一個數字開始比大小，愈小的數字排愈前面。

同一類的書架上

分類號	011.69	011.69	011.98
作者號	8553	803	8725
登錄號	3c.2		v.1

分類號相同時

370	370	370
8375	8545	875

按照字母排列的作者號

很多書有相同的編碼，你將會在同一個圖書館書架上找到這些書。有相同編碼的書籍會依照作者名字的前三個字母的排序來存放。請參照以下的書架為例子。

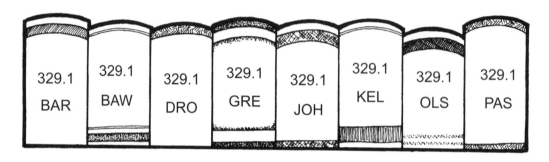

下面，你將會看到幾個作者名字的前三個字母，請依照正確的順序在書籍上寫出來。

（**提示**：如果第一個字母相同，你就必須使用第二個字母來決定順序。）

BRO	VAN	KEL	MUN
SPI	HUT	MEY	KEA

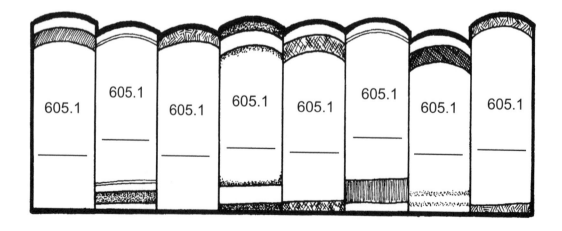

我在哪裡可以找到它？

選擇以你題目的第一個字（母）為首的那一冊百科全書來開始查找。一旦找到了你所需的那一冊，就可以立刻開始尋找你的題目了。

下一步就是要決定你的題目會出現在百科全書的開始、中間或尾部。這時你需要查看一下你的題目的第二個字（母）以便決定。

百科全書的開始：字母 a, b, c, d, e, f, g, h, i

百科全書的中間：字母 j, k, l, m, n, o, p, q

百科全書的尾部：字母 r, s, t, u, v, w, x, y, z

閱讀下面的字，在每個字旁寫下在百科全書的冊數和位置。第一個字已經幫你列出來了。

	冊數	位置
車子（car）	第三冊	開始
狗（dog）		
倉鼠（hamster）		
天氣（weather）		
火車（trains）		

就你的題目，寫下百科全書的冊數和位置。

我的題目是 _____

冊數	位置

如何撰寫一份
簡單報告（一到三年級）

　　至於國內百科全書通常依兩種方式編索引：

　　　　1. 按注音符號的順序編排：如查找「地震」→翻閱「ㄉ」查找。

　　　　　　　　　　　　　　　　查找「奈米」→翻閱「ㄋ」查找。

　　　　2. 按筆畫總數編排：如查找「地震」→翻閱「六畫」的「地」查找。

　　　　　　　　　　　　　　查找「奈米」→翻閱「八畫」的「奈」查找。

　我在哪裡可以找到它？

使用唯讀光碟百科全書

給老師的註記：這些指引是以 *Microsoft Encarta 97* 百科全書為準。你可以為你所擁有的唯讀光碟百科全書系統修改這些指引。

使用像 *Microsoft Encarta 97* 百科全書的光碟唯讀百科全書系統，來搜尋與你的題目相關的資訊是非常容易的。一旦你的電腦螢幕上出現這個系統，便可依照以下指引來找到與你題目相關的文章。

1. 在首頁螢幕上，點選**百科全書文章**。

2. 在螢幕的上方點選**尋找**，將會出現一個搜索視窗。

3. 點選**搜索**視窗，然後再輸入你題目的名字。

4. 一系列的主題將會在視窗中出現，然後點選你選擇的題目。你需要仔細篩選文章。例如，你輸入**貓**這個字，你將會看見包含「貓家族」、「貓掃描器」和「豢養的貓」等幾個題目。

5. 點選你所選擇的主題。

6. 閱讀該篇文章來找尋你報告的資訊，將文章整篇或部分列印出來對你是有幫助的，請依照下列指示列印。

   ⑴ 要列印下列文章，先點選螢幕上方的**檔案**主選單，再用滑鼠點選**列印**。之後會出現一個列印視窗。

   ⑵ 點選**列印**，會出現另一個列印視窗。

   ⑶ 再次點選**列印**，你的文章將會開始列印。

   ⑷ 若要列印文章的一個部分，就透過圈選與拖曳你所要選的部分，然後依照上述的⑵和⑶步驟來列印這些資料。

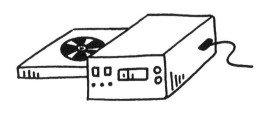

網路搜尋

你可以在各種網站上搜尋網頁以找到各種補充的訊息。要進行網路搜尋，可依循下列指示：

1. 進入全球資訊網際網路，然後再輸入本頁下方所列出的搜尋引擎之一。

2. 在搜尋的視窗上，輸入與你主題相關的一些字。這裡是一些例子：

小獵犬 and 行為
沙漠 and 動物
天氣 and 龍捲風

3. 接著會出現一系列的文章，點選一篇文章來找尋有關你題目的資訊。

🦆 網路搜尋引擎

- **Yahooligans!**

  http://www.yahooligans.com/

- **Lycos**

  http://www.lycos.com/

- **Yahoo**

  http://www.yahoo.com/

- **WebCrawler**

  http://www.WebCrawler.com/

- **Excite**

  http://www.excite.com/

- **Alta Vista Technology, Inc.**

  http://www.altavista.com/

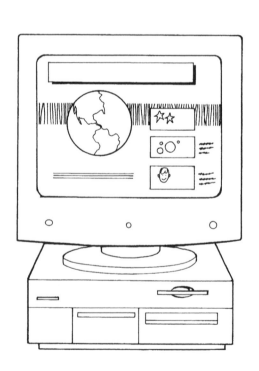

中文搜尋引擎

- Google

  http://www.google.com.tw/

- Yahoo!奇摩

  http://tw.yahoo.com/

- Openfind

  http://www.openfind.com.tw/

- 蕃薯藤

  http://www.yam.com/

- 小蕃薯藤

  http://kids.yam.com/

- 新浪網

  http://www.sina.com.tw/

- 蓋世

  http://gais.cs.ccu.edu.tw/

- MSN

  http://tw.msn.com/

- 中華電信

  http://www.hinet.net/

給老師的註記：為了要保護學生，須密切監看他們使用網路。

寫作的基礎

使用你自己的話語

　　當你在寫報告時，用自己的話語來書寫是很重要的。這意味著你不能完全複製你資料中的句子。閱讀下面每一系列的句子，再用自己的話語寫下相同的資訊。第一個已經幫你完成了。

1. 貓是透過觀察而學習，母貓教牠的小貓咪如何狩獵、捕捉獵物以及做窩。

> **我自己的話：**
> 　　小貓咪從媽媽身上學習，媽媽會示範給小貓咪看如何做窩、狩獵和捕捉獵物。

2. 大峽谷非常優美，在峽谷中包含高聳的山頭、平台和谿谷。
我自己的話：

＿＿＿＿＿＿＿＿＿＿＿＿＿＿＿＿＿＿＿＿＿＿＿＿＿＿＿＿＿＿＿＿＿

＿＿＿＿＿＿＿＿＿＿＿＿＿＿＿＿＿＿＿＿＿＿＿＿＿＿＿＿＿＿＿＿＿

3. 大象是陸地上最大的哺乳類生物。
我自己的話：

＿＿＿＿＿＿＿＿＿＿＿＿＿＿＿＿＿＿＿＿＿＿＿＿＿＿＿＿＿＿＿＿＿

＿＿＿＿＿＿＿＿＿＿＿＿＿＿＿＿＿＿＿＿＿＿＿＿＿＿＿＿＿＿＿＿＿

4. 冰雹是雨滴衝撞後凍結在一起而連結成串的冰塊。
我自己的話：

＿＿＿＿＿＿＿＿＿＿＿＿＿＿＿＿＿＿＿＿＿＿＿＿＿＿＿＿＿＿＿＿＿

＿＿＿＿＿＿＿＿＿＿＿＿＿＿＿＿＿＿＿＿＿＿＿＿＿＿＿＿＿＿＿＿＿

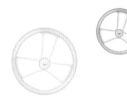

寫筆記卡

當你研究你的題目時，你會需要在 3"×5"（約 8 公分×13 公分）的不同筆記卡上寫下每件事實。在筆記卡的上方，寫下你在何處找到的資料來源、名字和頁碼。然後再以你自己的話在卡片上寫下事實。請看下面的例子。

長頸鹿
作者：J. 強斯
第 11 頁
長頸鹿有個很長的舌頭。

長頸鹿
作者：J. 強斯
第 15 頁
長頸鹿的舌頭可以捲繞你的腰。

現在閱讀下面一本非小說類書籍中出現的一段，然後在下面的索引卡上寫下一項事實。

長頸鹿是最高的動物，牠們可以長到 18 呎高。通常在長頸鹿的頭上有三個角。牠們身上的黑圓點可以幫助牠們在樹叢的陰影中隱藏自己。

要將你的索引卡放在一起，並且用橡皮筋將它們捆好。

辨認出完整句子

當你撰寫一份報告時，寫出完整的句子是很重要的。一個完整句子會說明**誰**或**什麼**（名詞），也會說出**發生了什麼**（動詞）。

閱讀下面的文字，如果是一個完整句子，寫上○，如果不是完整句子，寫上×。若是完整句子，請再加上適當的大寫和標點符號。

_____ 1. 小狗應該被適當地攜帶（a puppy should be carried properly）

_____ 2. 霧是接觸到地上的雲（fog is a cloud that touches the ground）

_____ 3. 鯊魚尖銳的牙齒（the sharp teeth of the shark）

_____ 4. 貓在夜晚可以看得清楚（cats see well at night）

_____ 5. 男人、女人和小孩都玩足球（soccer is played by men, women, and children）

_____ 6. 狗狗的健康檢查（checkups for dogs）

_____ 7. 飛機的機身（the body of an airplane）

_____ 8. 海豚是鯨的一種（a dolphin is a kind of whale）

_____ 9. 狂風暴雨（strong wind storms）

_____ 10. 大部分的沙漠哺乳類動物是夜行性的（most desert mammals are nocturnal）

_____ 11. 最大的鯊魚是鯨鯊（the largest shark is the whale shark）

_____ 12. 兩個棒球隊（two baseball teams）

_____ 13. 農作物可以在沙漠中生長（crops can grow in the desert）

_____ 14. 夜晚捕獵（hunting at night）

寫出完整句子

以下是一系列不完整的句子，請用下列每個片語詞彙寫出一個完整句子。

1. 毛茸茸的積雲

2. 短毛或長毛狗

3. 一班很快的火車

4. 斑馬身上的條紋

5. 雨、雪、霰和冰雹

6. 大海中的魚

7. 長形的仙人掌針葉

8. 獸醫檢查

專有名詞

　　（英文）大寫字母的位置是放在句子的句首。（英文中）人名、地名和物品的專有名詞第一個字母都要大寫。

　　這裡是一些例子。

　　很多蝙蝠住在新墨西哥（**New Mexico**）。

　　卡爾斯巴德洞窟（**Carlsbad Caverns**）是一個很多蝙蝠居住的洞穴。

　　閱讀下面的句子，在每一個應該被改為大寫的字母上方寫上一個大寫字母。然後再寫出正確的句子。

1. 大峽谷是在亞利桑納州。（The grand canyon is in arizona.）

_____

2. 科羅拉多河流經大峽谷。（The colorado river flows through the grand canyon.）

_____
_____

3. 大草原可以在北美、南美和南非找到。（Grasslands can be found in north america, in south america, and in south africa.）

_____
_____

4. 納瓦霍族人住在亞利桑納州、新墨西哥州和猶他州。（The navajo people live in arizona, new mexico, and utah.）

_____
_____

5. 印度大象住在印度和其他亞洲地區。（The indian elephant lives in india and other parts of asia.）

_____
_____

標點符號

當你在寫報告時，你必須要確定每一句的句尾使用了正確的標點符號。

一個敘述性的句子需要用一個句號。

一個詢問的句子需要用一個問號。

在下列每一句的句尾使用正確的標點符號。

1. 貓是有趣的動物

2. 你是否知道有一千種的貓

3. 你是否曾想過一隻北極熊如何保暖

4. 藍鯨是所有鯨魚中最大的

5. 這份報告是關於火車的

6. 你最喜歡的動物是什麼

7. 你有沒有養寵物狗

8. 很多生物住在海裡

9. 我最喜歡的運動是棒球

10. 蜘蛛不是昆蟲

11. 你是否曾看過一個螞蟻農場

12. 有很多種類的小鳥住在雨林

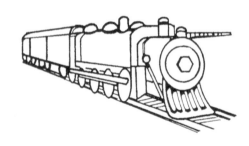

在下方寫出和你題目相關的一個敘述句和一個詢問句。

_____

_____

_____

_____

_____

_____

中文標點符號的使用

，用來分開句內各語或表示語氣的停頓。

。用在直述式文意已完足的句子。。

、用在平列連用的單字、語詞之間，或標示條列次序的文字之後。

：用在總起下文，或舉例說明下文。

「」用來標示說話、引語、專有名詞，或特別用意的詞句。

？用在疑問句之後。

（資料來源：教育部（2007）。*教育部重訂標點符號手冊*。線上檢索日期： 2007 年 1 月 7 日。網址： http://www.edu.tw/EDU_WEB/EDU_MGT/MANDR/ EDU6300001/ allbook/hau/c2.htm?open）

練習題

1. 曾聰明是個好學生（　）

2. 每天早晨（　）我都會去外掃區打掃（　）

3. 我喜歡吃的水果有蘋果（　）香蕉（　）蓮霧（　）

4. 哺乳動物有（　）獅子（　）大象（　）老虎（　）鯨魚等（　）

5. 媽媽說（　）（　）天氣冷了（　）要記得加衣服（　）（　）

6. 你要不要和我一起去踢球（　）

事實與看法

事實指的是真實的事情。

　　例如：貓有很多品種。

看法則是你對事情的感想。

　　例如：貓很可愛。

　　閱讀以下的句子。如果那個句子是一項事實，請在橫線上寫上√。如果句子是一個看法，就在橫線上寫上○。

_____ 1. 狗是很棒的寵物。

_____ 2. 鯊魚很酷。

_____ 3. 有很多不同種類的海洋生物。

_____ 4. 響尾蛇是爬蟲類動物。

_____ 5. 黑寡婦是有毒的。

_____ 6. 足球在世界上很多地方都很受歡迎。

_____ 7. 橄欖球是最刺激的運動。

_____ 8. 長頸鹿住在非洲。

_____ 9. 美洲袋鼠很可愛。

_____ 10. 藍鯨是最大的鯨魚。

_____ 11. 蠍子是令人害怕的。

_____ 12. 螞蟻有很多種類。

你自己的事實與看法

關於你的題目，你可能有很多看法，但你的報告將包含大部分與你題目有關的事實。你可以使用事實來呈現你的感想給讀者。閱讀以下的例子。

看法：水果蝙蝠很可愛。

事實：水果蝙蝠的臉看起來像一隻狐狸。

水果蝙蝠也叫作飛行的狐狸。

水果蝙蝠有又大又圓的眼睛。

看法：水果蝙蝠是一種有趣的動物。

事實：當水果蝙蝠飛行時，牠會帶著牠的小寶貝。

水果蝙蝠有一對六呎長（six-foot）幅翼。

水果蝙蝠並非眼盲，牠們在黑暗中用牠們的視力看東西。

在下面的空格上，寫下關於你題目的兩個看法。然後，再為每一個看法寫下一些事實來支持這個看法。

看法：＿＿＿＿＿＿＿＿＿＿＿＿＿＿＿＿＿＿＿＿＿＿＿＿＿＿＿＿＿＿＿＿＿＿

事實：＿＿＿＿＿＿＿＿＿＿＿＿＿＿＿＿＿＿＿＿＿＿＿＿＿＿＿＿＿＿＿＿＿＿

＿＿＿＿＿＿＿＿＿＿＿＿＿＿＿＿＿＿＿＿＿＿＿＿＿＿＿＿＿＿＿＿＿＿＿＿＿＿

＿＿＿＿＿＿＿＿＿＿＿＿＿＿＿＿＿＿＿＿＿＿＿＿＿＿＿＿＿＿＿＿＿＿＿＿＿＿

看法：＿＿＿＿＿＿＿＿＿＿＿＿＿＿＿＿＿＿＿＿＿＿＿＿＿＿＿＿＿＿＿＿＿＿

事實：＿＿＿＿＿＿＿＿＿＿＿＿＿＿＿＿＿＿＿＿＿＿＿＿＿＿＿＿＿＿＿＿＿＿

＿＿＿＿＿＿＿＿＿＿＿＿＿＿＿＿＿＿＿＿＿＿＿＿＿＿＿＿＿＿＿＿＿＿＿＿＿＿

＿＿＿＿＿＿＿＿＿＿＿＿＿＿＿＿＿＿＿＿＿＿＿＿＿＿＿＿＿＿＿＿＿＿＿＿＿＿

如何撰寫一份
簡單報告（一到三年級）

主要的概念為何？

　　一個主要概念的句子是在一個段落中所要表達的事情。閱讀以下的句子，從 41 頁中選出正確的主要概念的句子；然後，將那個句子剪下來並貼在下列適當段落的上方。

1. 牠們需要定期去看動物醫生。牠們也需要好的食物和足夠的運動。

2. 牠們大多數有好的視力，當水果蝙蝠在黑夜飛行時，使用牠們的視力來引導飛行。

3. 蛤蜊、螃蟹和海膽住在海底。很多彩色的魚在海中游泳。像鯨魚和海豹等哺乳類動物也住在那裡。

4. 主人必須每天和狗狗一起工作以訓練牠。在訓練時提供食物獎賞是有幫助的。對狗狗來說，得到關愛和讚美是最重要的。

5. 牠們白天睡在洞穴、樹上和穀倉。晚上，牠們醒來並在黑暗中獵捕食物。

6. 即使牠們住在水中，牠們也呼吸空氣。牠們不下蛋。牠們的孩子是胎生的。

蝙蝠是夜行性動物。	很多生物住在海洋中。
鯨魚是哺乳類動物。	狗狗需要有適當的照顧。
訓練狗狗是要花時間的。	蝙蝠並不瞎。

撰寫報告

做分類

該是查看你的筆記卡和將事實分類的時候了。看一看下面的例子。

題目：鎚頭鯊

分類 1： 牠們看起來如何

分類 2： 牠們住在哪裡

分類 3： 牠們吃什麼

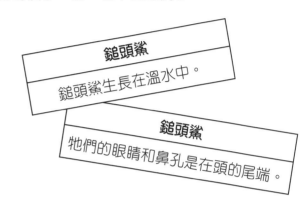

請在下面寫出你題目的名字，然後為你已經蒐集的事實寫出三個或四個分類（別）。

題目：＿＿＿＿＿＿＿＿＿＿＿＿＿＿＿＿＿＿＿＿＿＿＿＿＿＿＿＿＿＿＿＿＿＿＿
＿＿

分類 1：＿＿＿＿＿＿＿＿＿＿＿＿＿＿＿＿＿＿＿＿＿＿＿＿＿＿＿＿＿＿＿＿＿＿
＿＿

分類 2：＿＿＿＿＿＿＿＿＿＿＿＿＿＿＿＿＿＿＿＿＿＿＿＿＿＿＿＿＿＿＿＿＿＿
＿＿

分類 3：＿＿＿＿＿＿＿＿＿＿＿＿＿＿＿＿＿＿＿＿＿＿＿＿＿＿＿＿＿＿＿＿＿＿
＿＿

分類 4（選擇性可寫可不寫）：＿＿＿＿＿＿＿＿＿＿＿＿＿＿＿＿＿＿＿＿＿＿＿＿
＿＿

註記：將每個類別的卡片放在一起，並且用橡皮筋綁好放在適當的位置。

報告的計畫圖表

你已經蒐集所有的資訊，且做完分類。現在使用這個圖表開始寫報告的主要內文。

第一類別的事實

_____

_____

_____

_____

第二類別的事實

_____

_____

_____

_____

第三類別的事實

_____

_____

_____

_____

寫出簡介

　　簡介是報告中很重要的部分，簡介段落是用來告訴讀者在報告中將有些什麼。看看你為你的報告所做的分類，想出一個有趣的主要概念句子，然後依照出現在報告中的順序提及每一個分類（別），以寫出簡介。

　　看看下面包含一個題目和三個類別的報告例子，然後閱讀討論這些類別的簡介段落。

題目：　　藍鯨
分類：　　1.藍鯨看起來如何
　　　　　2.藍鯨住在哪裡
　　　　　3.藍鯨家族

簡介段落

　　對於藍鯨，你知道多少？牠們是很有趣的動物。這份報告將會告訴你藍鯨外表看起來像什麼。它也會告訴你關於藍鯨居住何處，以及藍鯨如何照顧牠們的家庭。

　　現在換你了，寫下你的主要概念的句子：

_____

_____

　　寫下在你的報告中會出現的每一個類別的主要概念句子：

_____

_____

_____

寫出結論

結論是關於你的報告內容所書寫的一個摘要總結。在你的結論中可以包含許多。閱讀下面的清單以獲取一些概念。

- 你主要觀點的摘要
- 你對於你研究的想法
- 你從撰寫報告中所學習到的東西
- 為何這個主題對你而言是重要的
- 讀者可以在哪裡找到更多關於你的題目的訊息

閱讀下面的結論段落，依照上面的清單來查看是否所有的要素都已經被含括進去。如果你認為那是一個好的結論段落，請在橫線上畫○。如果不是好的結論段落，請在橫線上畫✕。

_____ 1. 現在你已經知道關於兔子的所有事情了，到此結束。

_____ 2. 從這份報告中，你已經學到很多關於海馬的有趣事實，現在你知道牠們外表看起來如何、牠們如何游泳，以及牠們如何攜帶著牠們的小孩子。做這份令人驚奇的動物的研究報告，我感到很快樂。

_____ 3. 這是我報告的結尾，再見！

_____ 4. 關於沙漠有很多事情可以學習，它充滿了有趣的動物和植物。在做完這個研究之後，我希望在未來某一天能夠去沙漠旅遊。

書寫封面頁和參考書目

現在是報告要收尾的時候了。你需要一頁封面頁來放在你報告的起始處，它便是要告訴你的讀者這份報告是關於什麼以及誰是作者。下面是封面頁的例子：

北極熊

作者：陳大林

班級：二年乙班

指導教師：蕭老師

2005 年 3 月 20 日

練習寫一寫你自己的封面頁。

你還需要一頁參考書目放在報告的最後。做一張你報告中所有書籍和百科全書的清單。依照（英文）字母／（中文）筆畫的順序安排這張書單。下面的例子是用來協助你的。在另一張紙上練習寫你的參考書目。

非小說類

作者（姓，名）。標題。出版社，日期。

例如：艾司強，馬克（Ahlstrom, Mark）。《北極熊》。 Macmillan Child Group, 1986。

百科全書

百科全書。冊數。出版社，日期。

例如：《世界書籍百科全書》，第 7 冊。 World Book, Inc, 1993。

中文書目格式

1. 中文書籍格式 A：

   作者（年代）。*書名*。出版地點：出版商。

   例如：林文達（1992）。*教育行政學*。台北市：三民。

2. 中文書籍格式 B：（註明版別）

   作者（年代）。*書名*（版別）。出版地點：出版商。

   例如：吳明清（1992）。*教育研究——基本觀念與方法分析*（第 3 版）。台北
   市：五南。

3. 中文書籍格式 C：（作者為政府單位，政府出版）

   單位（年代）。*書名*（編號）。出版地點：作者。

   例如：教育部（2000）。*中華民國教育統計*（編號：006154890170）。台北
   市：作者。

4. 中文書文集格式：（多位作者，並有主編）

   作者（主編）（年代）。*書名*。出版地點：出版商。

   例如：吳清山（主編）（1996）。*有效能的學校*。台北市：國立教育資料館。

5. 中文百科全書或辭書格式：

作者（主編）（年代）。書名（第 4 版，第 5 冊）。出版地點：出版商。

例如：黃永松等人（主編）（1985）。漢聲小百科（第 4 版，第 5 冊）。台北市：英文漢聲。

6. 中文翻譯書格式 A：（原作者有中文譯名）

原作者中文譯名（譯本出版年代）。書名（版別）（譯者譯）。出版地點：出版商。（原著出版年：1992 年）

例如：李察・普雷特（1993）。不可思議的剖面。（漢聲雜誌社譯）。台北市：英文漢聲。（原著出版年：1992 年）

7. 中文翻譯書格式 B：（原作者無中文譯名）

書名（譯者譯）（譯本出版年代）。出版地點：出版商。（原著出版年：1984 年）

例如：二十世紀教育的回顧（教育出版社譯）（2001）。台北市：大千。（原著出版年： 2000 年）

校訂符號

你的老師可能會校訂你的報告，或者你可能會被要求由自己或和一位夥伴來校訂這份報告。你可使用下面的校正符號來幫助你。要確切檢閱每一個列出的常犯錯誤，並且在你的草稿上用一支螢光筆（色筆）做修正。

校正你的報告可能會需要超過一堂寫作課程來完成。剪下並用釘書機將這一頁的校正檢核表釘在你的草稿上。當你為每一個常犯的錯誤校正時，在相對應的空格內檢閱一下。

（譯註：以下為英文校正的符號。）

增加句號	⊙	蝙蝠飛進了洞穴中⊙
增加逗號、頓號	∧,∧	他吃了紅蘿蔔∧蘋果和餅乾。
字母大寫	≡	S sam 今天九歲。
把字拼（寫）正確	sp	sp 僅可能跳得高。　　盡
使用小寫字母	lc	lc Today is his Birthday!（今天是他的生日！）　birthday
開始新的一段	⁋	我養了一隻狗為寵物，牠的名字是公爵。牠是棕色的，而且有大眼睛。⁋我也有一隻貓，牠的名字是黛西，牠是橘色的，而且有尖銳的爪子。

（在此剪開）

草稿檢核表

□ 句號　　　　　⊙　　　　□ 拼（寫）　　sp

□ 逗號和頓號　∧,∧　　　□ 小寫　　　　lc

□ 大寫　　　　　≡　　　　□ 適當的分段　⁋

中文作文批改符號參考

符號	說明
╳	錯別字
△	刪掉字句再用
＜	增加進去
∫	調轉
∥	刪掉不用
ʔ	語意不明
……	未寫完
□	需空格或錯別字訂正格
○	佳句

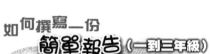

常用字彙整

給老師的註記：高頻率的字就是那些寫作中常常使用的字。你的孩子可以很容易地藉著使用高頻率的字的小冊子，檢查他們報告中的拼字。

影印 54 到 57 頁給每一個孩子。要集結這本小冊子，得把這些頁數剪開來，依照順序放在一起並用釘書機釘起來。

我書上的字

A
about（關於）
after（在……之後）
all（全部）
am（是）
an（一個）
and（和）
are（是）
as（如同）
at（在）

B
back（背後，後面）
be（是）
because（因為）
been（是）
big（大的）
but（但是）
by（藉著）

C
came（來了）
can（會）
come（來）
could（可能會）

D
day（天）
did（做過）
do（做）
down（向下）

E

F

first（首先）

for（為了）

from（從）

_____

_____

_____

_____

_____

G

get（得到）

go（去）

going（正在進行）

got（已得到）

_____

_____

_____

_____

H

had（有過）

has（已經有）

have（有）

he（他）

her（她的）

here（這）

him（他）

his（他的）

_____

_____

_____

_____

_____

_____

_____

I

if（假如）

into（進入）

is（是）

it（它）

_____

_____

_____

_____

J

just（只是）

_____

_____

_____

_____

_____

K

_____

_____

_____

_____

_____

L

like（喜歡）

little（一點點）

look（看）

_____

_____

_____

_____

M	N	O	
made（已經做好）	no（沒有）	of（的）	
make（做）	not（不是）	off（結束）	
me（我）	now（現在）	on（在⋯⋯上）	
more（更多的）		one（一個）	
my（我的）		only（只有）	
		or（或者）	
		our（我們的）	
		out（出局）	
		over（完成）	

P	R	S	
		said（說過）	
		saw（看過）	
		see（看到）	
		she（她）	
		so（所以）	
Q		some（一些）	

T	U	V
that（那個）	up（向上的）	very（非常的）
the（這個）		
their（他們的）		
them（他們）		
then（然後）		
there（那裡）		
they（他們）		
this（這個）		
to（去）		
two（兩個）		

W	X	Z
was（已是）		
we（我們）		
well（很好）		
went（已去）		
were（曾是）		
what（什麼）		
when（何時）		
where（哪裡）	**Y**	
which（哪一個）	you（你）	
who（誰）	your（你的）	
will（將）		
with（和）		
would（已將）		

檢閱同學的報告

　　這是閱讀你同學報告的機會。你的評語將會幫助你的同學改進他／她的報告。請回答以下問題。

1. 這份報告是誰寫的？ _____

2. 報告標題是什麼？

_____

3. 報告是否容易了解？請說明。

_____

_____

4. 你從報告中學到什麼？

_____

_____

5. 你認為這份報告哪裡有趣？

_____

_____

6. 你有發現拼音或標點符號的錯誤嗎？請說明。

_____

_____

7. 寫下你對於這份報告的建議和欣賞之處。

_____

_____

_____

精彩的報告

- 加入電腦插圖：KidPix®
- 加入電腦圖畫：ClarisWorks®
- 報告的設計
- 做適當的插畫描繪
- 研究（展示）海報
- 做一份多媒體展示：HyperStudio®
- 規劃一份口頭報告
- 最後的檢核清單

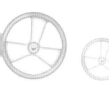

加入電腦插圖： KidPix®

給老師的註記：使用以下指引來引導你的孩子製作電腦插圖，這些指引是使用 KidPix 所開發的，稍加修改，另外的繪圖系統也可在這裡使用。

第一步驟：**選擇適當的實例說明。**

思考一下你所寫的報告，你會想要製作一個插圖，以幫助你的讀者更了解你的題目。

第二步驟：**製作一張圖片。**

使用以下的導引來畫出你的圖片。

· 從工具列選擇**畫圖筆**工具和想要的顏色。

· 在圖片下方的**選項**列挑選出一條粗線和樣式。

· 除了畫圖筆（工具）外，你可能會在創作你的圖片時想要用（油漆）刷子。從工具列中選擇**油漆刷子**，然後再從底下的選擇列中挑選一樣油漆樣式。

第三步驟：**將（部分）內文加入圖片。**

要將內文加入圖片，就選擇**打字**工具。點選螢幕，先將游標放在想要的位置上。從工具列選擇想要的文本字體顏色，然後打一兩句話在圖片旁邊。如果文句需要超過一行，就必須按鍵盤上的回歸輸入鍵（return），不同於一般文件作業檔，這裡的文句不會自動轉入下一行。假若你不小心打字超出螢幕，就只要按一下鍵盤上的消除（倒退）鍵，直到游標再出現為止；然後再按一下回歸輸入鍵（return），就可移到下一行。

第三步驟：**存檔和列印。**

到**檔案**目錄，然後**儲存**檔案。再從**檔案**目錄中選擇**列印**。

提醒：任何步驟皆可能因在工具列中選擇**恢復（或消除）**鍵而立刻被移除。

加入電腦圖畫： ClarisWorks®

給老師的註記：這些指引是使用 ClarisWorks 所開發，其他的文書處理插圖程式
適當修改，也可以在此使用。

第一步驟：打報告。

使用以下指引用 ClarisWorks 打你的報告。

· 開啓 ClarisWorks 程式。

· 由顯現的視窗選擇**檔案作業**，然後點選 OK 。

· 接著再打報告。

第二步驟：增加剪貼藝術圖示。

· 到**檔案**目錄，然後將游標移到「**圖書館**」。接著再拉到你想要的圖書館。
列出好幾個圖示的小視窗將會出現在螢幕上。

· 將游標移動到你想要的圖示出現的所在位置。

· 點一下清單中圖示的名字，然後先前的圖片將會出現在視窗中。選擇第
一個圖示，接著再點選**使用**，那個圖示將會在你的報告中出現。

· 欲調整圖片的大小時，就圈選整個圖示。照著以下步驟：點選一次影
像，那麼一個小黑方塊會出現在每一個角落。然後再點選更右下方的方
塊格，再將它拉至想要的尺寸大小的位置。

第三步驟：儲存和列印。

使用**檔案**目錄，選擇**儲存**。然後再從**檔案**目錄中，選擇**列印**。

報告的設計

為你的報告增加魅力風格是很容易的，只要在你的報告中帶點有趣的設計即可。以下是一些你可以用來製作醒目展示的好點子。

 ## 閃亮的三角椎體

一個三角椎體是個很棒的方式，可以展現關於你的主題更多的知識。

材料

- 長寬約 22 公分的方形厚紙板
- 各種形色的厚紙裝飾品
- 蠟筆或螢光筆
- 剪刀
- 膠水
- 雜誌

方法

1. 用厚紙板做一個三角形，以斜對角摺出一個約 22 公分的正方形（步驟 1）。

2. 打開那張紙，並且再一次以不同方向斜對角摺紙（步驟 2）。

3. 打開正方形的紙會顯現出交叉壓出的線痕。然後沿著摺痕線的一條剪下，停在中心點上（步驟 3）。

4. 如圖所示將膠水塗在剪下的三角部分之一（步驟 4）。

5. 將另一個相對的三角部分放在膠水覆蓋部分之上，對準邊緣，將它們壓在一起（步驟 5）。現在你就完成了一個三角展示台。

6. 上色、剪下和黏上，以便在你的展示台上製作布景，並且布置你的三角椎體。

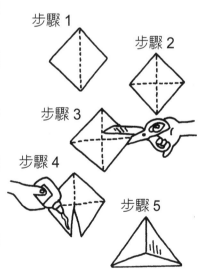

步驟 1
步驟 2
步驟 3
步驟 4
步驟 5

如何撰寫一份 簡單報告（一到三年級）

🦆 相片簿

有一些報告可以由圖片集錦或雜誌圖案花樣來提高品質。可在每一頁都增加（圖片、文字）說明。

🦆 報紙團

容易彎曲的報紙團是可製作耐用模型的材質，可以襯托你的報告。

材料

- ・報紙碎紙條
- ・水
- ・大盆子
- ・蠟紙
- ・麵粉
- ・蛋彩畫顏料

方法

1. 將報紙碎紙條放進一個大盆的水中，並讓紙條過夜浸濕。
2. 倒出水並盡量擠壓報紙碎條。
3. 製作一個麵粉和水的麵糊，在報紙碎條上加上一杯麵糊。
4. 將報紙碎條和麵糊搓揉在一起，需要時增加更多的麵糊，並繼續搓揉此混合物，直到它變成一個相當順滑的麵糰。
5. 將此麵糰製成想要的模型，讓它可以在蠟紙上晾乾幾天。
6. 彩畫在乾的形狀上，並在展示前先將它晾乾。

🦆 空盒再利用

用玉米片或厚餅乾的紙盒、牛奶盒、蛋盒、圓的燕麥片和馬鈴薯片的容器，以及其他更多東西，來製造各式各樣創作品（城鎮、火箭太空船、機器人等）。

材料

- ・各種空的容器
- ・剪刀
- ・蛋彩畫顏料
- ・膠水
- ・洗碗精
- ・水彩筆

方法

1. 裁剪自己所要的箱子和厚紙板，以做出你所選擇的創作物。

2. 將一片一片黏在一起，並讓整個設計能完全晾乾。

3. 增加一些洗碗精到蛋彩畫顏料和混合物（洗碗精可幫助水彩筆黏於滑順的表面和避免裂縫）。

4. 彩畫與裝飾整個設計。

做適當的插畫描繪

　　插圖將會增加你報告的趣味性，閱讀你的報告並思考兩、三個可放插圖的事實描述的地方，以幫助讀者更了解你的題目。

　　寫出兩個可以畫插圖的事實。在下面的框框中，用簡單的插圖來描繪出這個事實。

事實：_____

_____

事實：_____

_____

研究（展示）海報

一份研究（展示）海報如同一頁的報告。這海報可以包含插圖和豐富的事實資訊。

材料

· 一個大的海報板
· 鉛筆
· 膠水
· 你研究中的樣本

· 螢光色筆
· 水彩
· 從你研究中所得的事實

方法

1. 你需要選擇關於你題目的重要事實，以加入研究（展示）海報。

2. 你得決定在海報上畫些什麼插圖。首先淺描圖畫在一張大紙上，再將它放在海報上，以便確定你的圖畫尺寸正確。用鉛筆輕輕地描繪輪廓，這會使你在弄錯時比較容易擦拭。

3. 在你插圖的部分做標籤，或在插圖下方用你研究的事實寫出句子。

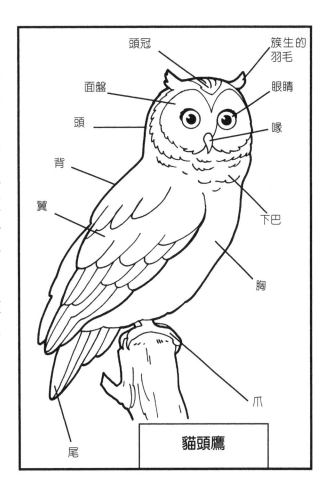

頭冠
簇生的羽毛
面盤
眼睛
頭
喙
背
翼
下巴
胸
爪
尾

貓頭鷹

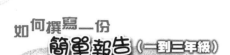
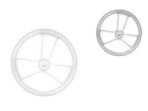

做一份多媒體展示：
HyperStudio®

你可以使用 HyperStudio 創作出一個多媒體的電腦展示，而為你的報告增添活力。假若做些適當的更動，以下的指引可以和其他適合的多媒體程式共用。

製作你的標題卡

1. 打開 HyperStudio 程式，從首頁，選出**創作一個新的書架**。
2. 將會出現一個含有指引的視窗。點選 **OK**。
3. 藉著點選**顏色**主選單，製作一個彩色的背景，並拉至想要的顏色。然後點選**工具**主選單以及拉到顏色槽。點選卡片，那麼顏色就會覆蓋上去。
4. 要增加一個標題到卡片上，再次點選**顏色**主選單，並拉至你所選的內文顏色。然後點選工具主選單以及拉到 T（內文）。再來，點選（**字型**）**選項**主選單並拉至**內文形式**。從出現的視窗，由內文字型大小清單上，選擇 **24**。現在，點選卡片並且打字輸入你報告的標題。
5. 藉著點選**工具**主選單，在標題卡片上製作一個圖畫，並拉到彩色刷子上。然後點選**顏色**主選單和選顏色。在卡片的圖畫上著上顏色。
6. 假若你增加一個按鈕到標題卡片上，你的讀者可以移到你所呈現的下一張卡。點選**目標**主選單並拉到**增加按鈕**。在接下來的視窗中輸入**下一張卡片**，然後點選 **OK**。在出現的下一個視窗中，再次點選 **OK**，那按鈕將會出現在標題卡上。點選按鈕並將它拖曳到卡片上你所要的位置。點選卡片的背景，那一個新視窗將會出現在螢幕上，點選**完成**。現在一個**轉換**視窗將會出現在螢幕上，選擇一個轉換，然後點選 **OK**，你的標題卡就已完成。
7. 點選**檔案**主選單然後選擇**儲存**。

為你的展示製作更多的卡片

要做出一張新卡，點選**編輯**主選單，然後再選擇**新卡**，卡片就會出現在螢幕上。以標題卡的同樣方式，為每張卡片增加一個背景和圖畫。內文會以些微不同增加在這

些卡片上。

1. 要增加內文到這張卡片上，點選**目標**主選單和拉至**增加內文目標**。在下一個出現的視窗中，點選 **OK** 。

2. 一個內文欄將會出現在卡片上。點選內文欄，並拉至想要的位置，然後點選卡片的背景。

3. 在下一個出現的視窗中，點選 **OK** 。

4. 在欄內輸入內文。

5. 點選**檔案**主選單，並拉至**儲存**。

規劃一份口頭報告

提出一份口頭報告是在同一時間和幾個人分享你的研究的好方法，這種報告形式不只是在閱讀你的報告。使用下面的指引，計畫出有趣的口頭報告。你可以寫下你計畫要說的事情，並且練習記住手稿，這樣你在（口頭）報告時，就不用依賴它了。

1. 介紹你自己和你的題目。

_____

_____

2. 說明為什麼你決定研究這個題目。

_____

_____

3. 由你報告段落的每一段來分享一些有趣的事實。

_____

_____

_____

4. 展示和解釋一份與你報告相關的海報、插圖或設計。

_____

_____

_____

5. 分享關於你（研究）題目的一些看法。

_____

_____

_____

6. 詢問你的聽眾們是否有任何問題。

最後的檢核清單

現在到了最後查看你的報告的時候了。使用這個檢核表來協助你做最後的修正。

☐ 這份報告是否看起來很好、很整齊？

☐ 是否有封面頁和參考書目？

☐ 我的報告清楚嗎？它是否有意義或說服力？

☐ 是否有朋友閱讀過你的報告？他們是否建議了可以改進的地方？

☐ 每個段落是否是以一個主題句開始？

☐ 我是否確切檢閱了拼字（有無錯字）？

☐ 我是否檢閱了適當的（大小寫和）標點符號？

☐ 有無放入適當的插圖？

你認為你的報告如何？請在下面寫下你的評語。

_____

_____

_____

_____

_____

_____

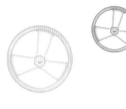

資料來源

軟體資源

ClarisWorks® 4.0（1995）. Apple Corporation.

HyperStudio®（1996）. Roger Wagner Publishing, Inc.

KidPix®（1994）. The Learning Company.

Microsoft Encarta 97 Encyclopedia®（1993-1996）. Microsoft Corporation.

教師製作資料來源（Teacher Created Materials Resources）

TCM 2182 *Kid Pix for Terrified Teachers.* Lifter, Marsha and Marian E. Adams. 1997.

TCM 2185 *ClarisWorks for Terrified Teachers.* Rosengart, Terry. 1999.

TCM 2332 *How to Write a Research Report.* Null, Kathleen Christopher. 1998.

線上服務

America Online（800）827-6364

Compuserv（800）848-8990

Netscape（800）254-1900

Prodigy（800）776-3449 ext. 629

網站資源

Animal. http://www.discovery.com/cams/cams.html

Bill Nye, the Science Guy's Nye Labs Online. http://nyelabs.kcts.org/

The Bug Club. http://www.ex.ac.uk/bugclub/

Insect World. http://www.insect-world.com

Dan's Wild Wild Weather Page. http://www.whnt19.com/kidwx/

Earth Watch Weather on Demand. http://www.earthwatch.com/

O. Orkin Insect Zoo. http://www.orkin.com/html/o.orkin.html

Kennedy Space Center. http://www.ksc.nasa.gov

KidsHealth. http://kidshealth.org

MapQuest. http://www.mapquest.com

New England Aquarium. http://www.neaq.org

The Science Club. http://www.halcyon.com/sciclub/

Thinking Fountain. http://www.smm.org/sln/tf/n/

The "Weather Dude".® http://www.nwlink.com/~wxdude/

中文參考書目

林菁編著（2001）。*圖書資訊利用教育──國小階段之課程設計與教學實務*。台北市：
　　五南。

謝寶煖編著（2004）。*資訊與網路資源利用*。台北市：華泰。

林天祐（無日期）。*APA 格式第五版*。線上檢索日期：2006 年 12 月 21 日。網址：
　　http://web.ed. ntnu.edu.tw/~minfei/apa5edition.doc

參考答案

第 20 頁

2. 書架一　開始

3. 書架二　尾端

4. 書架二　中間

5. 書架一　中間

6. 書架二　開始

7. 書架一　中間

8. 書架二　開始

第 22 頁

BRO

HUT

KEA

KEL

MEY

MUN

SPI

VAN

第 23 頁

2. 狗　第 4 冊（D）開始

3. 倉鼠 第 8 冊（H）開始

4. 天氣 第 23 冊（W）尾端

5. 火車 第 20 冊（T）尾端

第 33 頁

1. ○（A puppy should be carried properly.）

2. ○（Fog is a cloud that touches the ground.）

3. ×

4. ○（Cats see well at night.）

5. ○（Soccer is played by men, women, and children.）

6. ×

7. ×

8. ○（A dolphin is a kind of whale.）

9. ×

10. ○（Most desert mammals are nocturnal.）

11. ○（The largest shark is the whale shark.）

12. ×

13. ○（Crops can grow in the desert.）

14. ×

第 34 頁

接受合理的句子答案。

第 35 頁

1. The Grand Canyon is in Arizona.
2. The Colorado River flows through the Grand Canyon.
3. Grasslands can be found in North America, in South America, and in South Africa.
4. The Navajo people live in Arizona, New Mexico, and Utah.
5. The Indian elephant lives in India and other parts of Asia.

第 36 頁

1. 貓是有趣的動物。
2. 你是否知道有一千種的貓？
3. 你是否曾想過一隻北極熊如何保暖？
4. 藍鯨是所有鯨魚中最大的。
5. 這份報告是關於火車的。
6. 你最喜歡的動物是什麼？
7. 你有沒有養寵物狗？
8. 很多生物住在海裡。
9. 我最喜歡的運動是棒球。
10. 蜘蛛不是昆蟲。
11. 你是否曾看過一個螞蟻農場？
12. 有很多種類的小鳥住在雨林。

第 37 頁

1. 。
2. ，。
3. 、、。

4. ：、、、。
5. ：「，。」
6. ？

第 38 頁

1. O   7. O
2. O   8. √
3. √   9. O
4. √   10. √
5. √   11. O
6. √   12. √

第 40 頁

1. 狗狗需要有適當的照顧。
2. 蝙蝠並不瞎。
3. 很多生物住在海洋中。
4. 訓練狗狗是要花時間的。
5. 蝙蝠是夜行性動物。
6. 鯨魚是哺乳類動物。

第 48 頁

1. ×
2. ○
3. ×
4. ○

國家圖書館出版品預行編目資料

如何撰寫一份簡單報告（一到三年級）／Jennifer Overend Prior 著；
陳聖謨，林秀容譯. -- 初版. -- 臺北市：心理，2007（民 96）
　　面；　公分. --（教育現場；13）
參考書目：面

譯自：How to write a simple report: grades 1-3

ISBN 978-957-702-995-9（平裝）

1. 寫作法—教學法　2. 圖書館利用　3. 小學教育—教學法

523.313　　　　　　　　　　　　　　　　　　　　96001466

教育現場 13　　**如何撰寫一份簡單報告（一到三年級）**

作　　　者：Jennifer Overend Prior
譯　　　者：陳聖謨、林秀容
執行編輯：林汝穎
總 編 輯：林敬堯
發 行 人：洪有義
出 版 者：心理出版社股份有限公司
社　　　址：台北市和平東路一段 180 號 7 樓
總　　　機：(02) 23671490　傳　真：(02) 23671457
郵　　　撥：19293172 心理出版社股份有限公司
電子信箱：psychoco@ms15.hinet.net
網　　　址：www.psy.com.tw
駐美代表：Lisa Wu　tel: 973 546-5845　fax: 973 546-7651
登 記 證：局版北市業字第 1372 號
電腦排版：辰皓國際出版製作有限公司
印 刷 者：辰皓國際出版製作有限公司
初版一刷：2007 年 1 月

讀者意見回函卡

No. _____

填寫日期： 年 月 日

感謝您購買本公司出版品。為提升我們的服務品質，請惠填以下資料寄回本社【或傳真(02)2367-1457】提供我們出書、修訂及辦活動之參考。您將不定期收到本公司最新出版及活動訊息。謝謝您！

姓名：_____ 性別：1□男 2□女

職業：1□教師 2□學生 3□上班族 4□家庭主婦 5□自由業 6□其他____

學歷：1□博士 2□碩士 3□大學 4□專科 5□高中 6□國中 7□國中以下

服務單位：_____ 部門：_____ 職稱：_____

服務地址：_____ 電話：_____ 傳真：_____

住家地址：_____ 電話：_____ 傳真：_____

電子郵件地址：_____

書名：_____

一、您認為本書的優點：（可複選）

　❶□內容 ❷□文筆 ❸□校對 ❹□編排 ❺□封面 ❻□其他____

二、您認為本書需再加強的地方：（可複選）

　❶□內容 ❷□文筆 ❸□校對 ❹□編排 ❺□封面 ❻□其他____

三、您購買本書的消息來源：（請單選）

　❶□本公司 ❷□逛書局⇨_____書局 ❸□老師或親友介紹

　❹□書展⇨____書展 ❺□心理心雜誌 ❻□書評 ❼其他_____

四、您希望我們舉辦何種活動：（可複選）

　❶□作者演講 ❷□研習會 ❸□研討會 ❹□書展 ❺□其他____

五、您購買本書的原因：（可複選）

　❶□對主題感興趣 ❷□上課教材⇨課程名稱_____

　❸□舉辦活動 ❹□其他_____　　（請翻頁繼續）

廣 告 回 信
台 北 郵 局 登 記 證
台 北 廣 字 第 940 號

（免貼郵票）

 心理出版社 股份有限公司

台北市 106 和平東路一段 180 號 7 樓

TEL: (02) 2367-1490
FAX: (02) 2367-1457
EMAIL:psychoco@ms15.hinet.net

沿線對折訂好後寄回

六、您希望我們多出版何種類型的書籍

❶□心理 ❷□輔導 ❸□教育 ❹□社工 ❺□測驗 ❻□其他

七、如果您是老師，是否有撰寫教科書的計劃：□有 □無

　　書名／課程：＿＿＿＿＿＿＿＿＿＿＿＿＿＿＿＿＿＿＿

八、您教授／修習的課程：

上學期：＿＿＿＿＿＿＿＿＿＿＿＿＿＿＿＿＿＿＿

下學期：＿＿＿＿＿＿＿＿＿＿＿＿＿＿＿＿＿＿＿

進修班：＿＿＿＿＿＿＿＿＿＿＿＿＿＿＿＿＿＿＿

暑　假：＿＿＿＿＿＿＿＿＿＿＿＿＿＿＿＿＿＿＿

寒　假：＿＿＿＿＿＿＿＿＿＿＿＿＿＿＿＿＿＿＿

學分班：＿＿＿＿＿＿＿＿＿＿＿＿＿＿＿＿＿＿＿

九、您的其他意見

＿＿＿＿＿＿＿＿＿＿＿＿＿＿＿＿＿＿＿＿＿＿＿＿＿

謝謝您的指教！　　　　　　　　　　　　　　41113